Pueblos indígenas de CALIFORNIA

Por Barbara M. Linde

Traducido por Esther Sarfatti

Gareth Stevens
PUBLISHING

Please visit our website, www.garethstevens.com. For a free color catalog of all our high-quality books, call toll free 1-800-542-2595 or fax 1-877-542-2596.

Cataloging-in-Publication Data

Names: Linde, Barbara M., author.
Title: Pueblos indígenas de California / Barbara M. Linde, translated by Esther Safratti.
Description: New York : Gareth Stevens Publishing, 2017. | Series: Pueblos indígenas de Norteamérica | Includes index.
Identifiers: ISBN 9781482452464 (pbk.) | ISBN 9781482452488 (library bound) | ISBN 9781482452471 (6 pack)
Subjects: LCSH: Indians of North America–California–History–Juvenile
    literature.
Classification: LCC E78.C15 L55 2017 | DDC 979.4004/97–dc23

First Edition

Published in 2017 by
Gareth Stevens Publishing
111 East 14th Street, Suite 349
New York, NY 10003

Copyright © 2017 Gareth Stevens Publishing

Designer: Samantha DeMartin
Editor: Kristen Nelson
Translator: Esther Sarfatti

Photo credits: Series art AlexTanya/Shutterstock.com; cover, p. 1 DEA Picture Library/De Agostini/Getty Images; p. 5 (background) Mariusz S. Jurgielewicz/Shutterstock.com; p. 5 (map) AlexCovarrubias/Wikimedia Commons; p. 7 (top left) Tom Grundy/Shutterstock.com; p. 7 (top right) Ysbrand Cosijn/Shutterstock.com; p. 7 (bottom left) Radoslaw Lecyk/Shutterstock.com; p. 7 (bottom right) Andrew Zarivny/Shutterstock.com; p. 9 David McNew/Getty Images News/ Getty Images; p. 11 (inset) Print Collector/Hulton Archive/Getty Images; p. 11 (main) Science & Society Picture Library/ SSPL/Getty Images; p. 13 (main) Education Images/Universal Images Group/Getty Images; p. 13 (inset) Bobbi Onia/ Underwood Archives/Archive Photos/Getty Images; pp. 15, 17 Buyenlarge/Archive Photos/Getty Images; p. 19 Nativestock.com/Marilyn Angel Wynn/Nativestock/Getty Images; p. 21 Mike Baird/Wikimedia Commons; p. 23 Fototeca Storica Nazionale./Hulton Archive/Getty Images; p. 25 Ralph Crane/The LIFE Picture Collection/ Getty Images; p. 27 courtesy of the Environmental Protection Agency; p. 29 (top left) Mel Melcon/Los Angeles Times/ Getty Images; p. 29 (top right, bottom left) Toni Ard/Moment Mobile/Getty Images; p. 29 (bottom right) Photo Researchers/Science Source/Getty Images.

Printed in the United States of America

CPSIA compliance information: Batch #CS16GS: For further information contact Gareth Stevens, New York, New York at 1-800-542-2595.

CONTENIDO

Las palabras del glosario se muestran en **negrita** la primera vez que aparecen en el texto.

El camino a
CALIFORNIA

¿Sabías que los primeros habitantes de California llegaron hace más de 10,000 años? Encontraron una tierra con abundante agua, sol y comida. El clima no era ni muy caluroso ni muy frío.

Los **arqueólogos** no se ponen de acuerdo acerca de cuándo y cómo llegaron los primeros pobladores a California. Saben que algunos **emigraron** de Asia a través de un puente de tierra y luego siguieron hacia el sur hasta llegar a California. Se piensa que algunos grupos llegaron por mar desde las islas del Pacífico. Es posible que otros grupos cruzaran las montañas, partiendo desde la costa este, o subieran desde el sur.

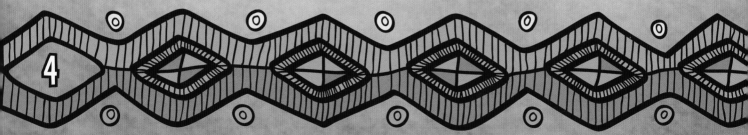

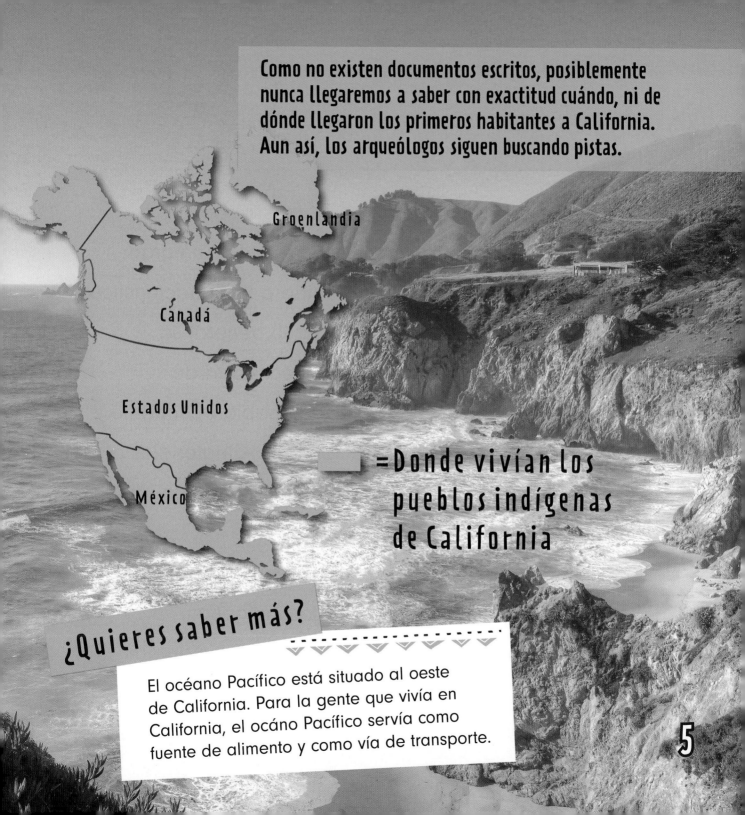

Como no existen documentos escritos, posiblemente nunca llegaremos a saber con exactitud cuándo, ni de dónde llegaron los primeros habitantes a California. Aun así, los arqueólogos siguen buscando pistas.

Groenlandia

Canadá

Estados Unidos

México

= Donde vivían los pueblos indígenas de California

¿Quieres saber más?

El océano Pacífico está situado al oeste de California. Para la gente que vivía en California, el océano Pacífico servía como fuente de alimento y como vía de transporte.

5

La geografía de
CALIFORNIA

La costa oeste de California es rocosa. Las altas montañas de la Sierra Nevada están al este y un gran desierto se extiende por el sur. Debido a las características de la tierra, los grupos indígenas por lo general se establecían en una zona. No tenían necesidad de trasladarse de un lugar a otro, ya que había abundante comida y agua en casi toda California. Los materiales que necesitaban para construir sus casas también eran fáciles de encontrar.

Las tierras de los diferentes grupos solían tener **fronteras** naturales que otros pueblos indígenas respetaban. No había muchas peleas entre los grupos.

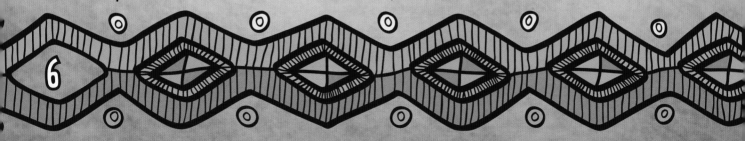

La mayoría se llamaban a sí mismos según la palabra que significaba "gente" en su lengua. Otros grupos eran conocidos por el nombre del lugar en donde vivían.

Antes de la llegada de los europeos, había aproximadamente un millón de indígenas que vivían en el desierto, en la costa y al pie de las montañas de la Sierra Nevada.

Historias de la
CREACIÓN

He aquí dos historias de los pueblos indígenas de California, acerca de la creación:

Los yokuts creían que el águila y el coyote vivían en un pequeño trozo de tierra rodeado de agua. Enviaron a la tortuga a traer tierra del fondo del agua, y con ella crearon una tierra grande, y también seis hombres y seis mujeres.

Los chumash creían que Hutash, la diosa de la tierra, había creado a la gente de unas semillas mágicas. Vivían en una isla. Hutash hizo un puente de arcoíris para que la gente pudiera llegar a **tierra firme**.

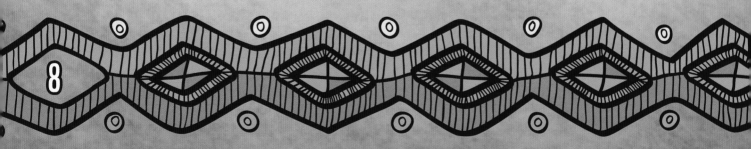

Los yokut y los chumash hacían pictografías, o dibujos sobre rocas, como esta. Parte de lo que los historiadores saben acerca de ellos viene de estos dibujos.

¿Quieres saber más?

Entre todos los pueblos indígenas se hablaba más de 80 lenguas. Muchos grupos no podían entenderse entre ellos.

Hermosas y prácticas
CESTAS

¿Cómo hacían los pueblos indígenas de California para transportar y almacenar sus cosas? ¡Hacían cestas! Las cestas pequeñas se utilizaban para guardar medicinas y semillas. Las cestas grandes de cocinar, no **goteaban** y se utilizaban para hacer sopa. Ponían piedras calientes en la sopa y la removían hasta que estuviera hecha. También utilizaban cestas para atrapar pájaros y peces. Las cestas también servían de cuna para los bebés.

Las cestas se hacían de madera, plantas, cuentas, huesos y pieles. Algunas cestas se cubrían de plumas o conchas. Otras tenían **diseños**.

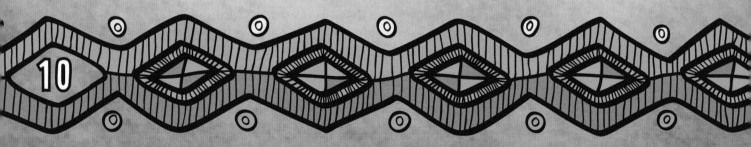

Los pueblos indígenas de California eran cazadores y recolectores. Utilizaban las cestas para recoger lo que necesitaban, como semillas y bellotas.

¿Quieres saber más?

El Departamento de Parques Nacionales de California tiene una colección de 3,000 cestas, hechas por nativos americanos. Puedes verlas en el *State Indian Museum* de California o por Internet.

LOS SALINAN

Los salinan vivían cerca del agua y, debido a esto, se alimentaban de pescado y pájaros acuáticos, aunque también cazaban otros animales. También recolectaban otros alimentos como bellotas, bayas, semillas y verduras.

Las madres llevaban a sus bebés en una cesta que ataban a la espalda. Los juegos de los niños se parecían a los deportes actuales de fútbol y hockey sobre hierba. Los niños aprendían a cazar con arco y flechas. También aprendían a bailar y cantar. Las niñas ayudaban a recolectar alimentos, cocinar y cuidaban de los pequeños.

La mayoría de las aldeas salinan se han encontrado a orillas de los ríos Nacimiento y San Antonio. En cada una de ellas vivían unas 100 personas, dirigidas por un jefe.

¿Quieres saber más?

El pueblo salinan usaba cuentas hechas de conchas de animales marinos como dinero. El valor de cada cuenta dependía de su color.

13

Los **MIWOKS**

Una aldea miwok podía tener entre 24 y cientos de personas. Cada aldea era independiente, pero a menudo sus pobladores comerciaban entre sí o trabajaban juntos.

Al igual que otros grupos indígenas de California, los miwoks desperdiciaban muy poco. Cuando los cazadores atrapaban un ciervo, todo el mundo compartía la carne. Utilizaban la piel para hacer ropa y los huesos para hacer herramientas. Las plantas servían de alimento, pero también para hacer cepillos y jabón. Las bellotas se molían y se mezclaban con agua para hacer un sabroso puré o una sopa.

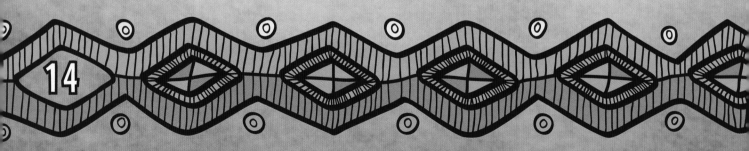

En el parque estatal de California, *Indian Grinding Rock*, puedes ver los lugares donde los miwoks molían bellotas. Las bellotas eran uno de los alimentos más importantes para los pueblos indígenas de California.

¿Quieres saber más?

Los miwoks hacían danzas para dar gracias, rezar y para celebrar ocasiones especiales.

15

Los **SHASTAS**

La mayoría de las aldeas shastas estaban situadas a orillas de muchos de los ríos en el noroeste de California. Todas las aldeas tenían casas hechas de madera y tierra donde vivían una o más familias. Las aldeas grandes tenían también una casa grande para las reuniones de grupo y un **temazcal**. Varias aldeas se juntaban para formar una banda, dirigida por un jefe.

Los shastas hacían **ceremonias** cuando los niños y las niñas cumplían 12 años. También hacían ceremonias para la guerra y para las expediciones de caza. Las mujeres y los hombres cantaban y bailaban, ¡a veces durante varias noches!

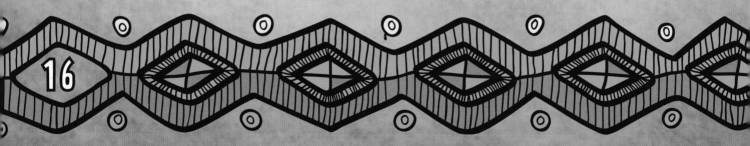

Los temazcales eran exclusivamente para uso de los hombres y se parecían mucho a este temazcal hupa. ¡Los hombres y los jóvenes de más de 12 años, a menudo dormían allí hasta que se casaban!

¿Quieres saber más?

Los shastas se vestían con ropa hecha de piel de ciervo. También utilizaban las pieles de los osos y mapaches para hacer túnicas y mantas.

17

Los OHLONES

Los ohlones se trasladaban de un lugar a otro según las estaciones. De esta manera, podían cazar, pescar y recolectar durante todo el año. De vez en cuando, quemaban la maleza y otras plantas en algunas partes de sus tierras. Así crecían mejor los pastos naturales que servían de alimento a ciervos y alces.

El respeto hacia el prójimo era una parte importante de la vida de los ohlones. Todo el mundo compartía la comida y otros bienes, por lo que no había ni muy ricos ni muy pobres. También se cuidaban unos a otros cuando estaban enfermos.

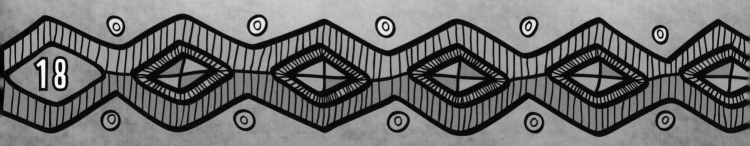

18

Los ohlones vivían en casas como esta alrededor de la bahía de San Francisco y hacia el sur hasta la bahía de Monterey.

¿Quieres saber más?

Los ohlones comían todos los animales que encontraban, incluyendo insectos, lagartos, ratones y pájaros. También comían raíces, semillas y bellotas.

19

LOS CHUMASH

Los chumash eran talentosos constructores de canoas. Con sus canoas impermeables, podían viajar desde tierra firme a las islas cercanas a la costa de California y visitar otras aldeas chumash. Cada aldea tenía un jefe o una jefa.

Los chumash honraban de manera especial al pez espada. Ellos creían que era el jefe de los animales marinos. ¡Incluso tenían una danza dedicada a él! Los chumash creían que los peces espada podían hacer que las ballenas se acercaran a sus playas para que les sirvieran de alimento.

Los chumash hacían pinturas de personas y animales en las rocas de las cuevas. El Servicio de Parques Nacionales cuida de estas valiosas obras de arte.

¿Quieres saber más?

Antiguamente, las personas que hacían la danza del pez espada se ponían en la cabeza el cráneo real de un pez espada.

21

Nuevos asentamientos ESPAÑOLES

A finales de la década de 1760, soldados españoles viajaron de México a California y construyeron poblados. El padre Junípero Serra y otros sacerdotes católicos construyeron un total de 21 **misiones** en California.

En las misiones vivían colonos españoles y mexicanos, soldados y poblaciones indígenas. El trato a los indígenas era cruel. Se les obligó a abandonar sus vestimentas, lenguas, creencias y comidas **tradicionales**. Los forzaban a trabajar duro y no se les permitía volver a sus tierras. Fueron obligados a **convertirse** a la fe católica. Muchos murieron a causa de las enfermedades traídas de Europa.

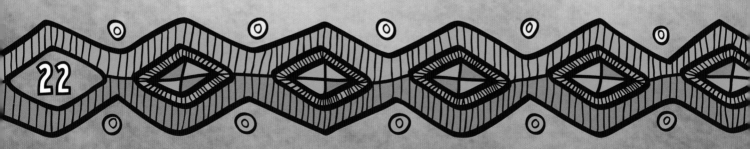

Los españoles pensaban que estableciendo las misiones ayudarían a mejorar la vida de los indígenas. Sin embargo, la población indígena tuvo muchas dificultades para ajustarse a esa nueva vida y además contrajeron enfermedades europeas, a las que nunca habían estado expuestos, y sus cuerpos no las pudieron combatir.

¿Quieres saber más?

Los pueblos indígenas no usaban el nombre "California". Los españoles la llamaron así por una isla imaginaria que aparecía en un libro.

La expansión de ESTADOS UNIDOS

Después de una guerra con México, los españoles se fueron de California. Muchos indígenas siguieron trabajando en las misiones por obligación o porque no tenían otro medio de vida. El gobierno mexicano dio muchas de sus tierras a rancheros. Las enfermedades continuaron reduciendo la población indígena.

En 1847, Estados Unidos tomó posesión de California. Poco después, se descubrió que había oro. Los buscadores de oro y los colonos se apoderaron de más tierras indígenas. Al final, la población indígena tuvo que mudarse a unas tierras que el gobierno de Estados Unidos les había asignado especialmente para ellos, llamadas reservas. Muchos de ellos no querían ir.

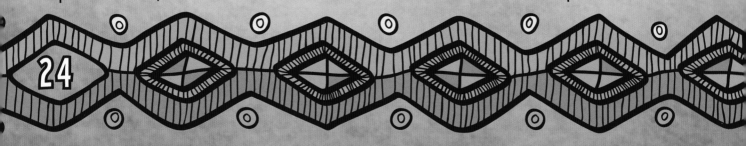

Entre noviembre de 1969 y junio de 1971, un grupo de indígenas californianos fue a vivir a la isla de Alcatraz, cerca de la bahía de San Francisco. Reclamaron la tierra basándose en un acuerdo que los grupos indígenas habían hecho con el gobierno de Estados Unidos en 1868.

¿Quieres saber más?

A principios del siglo XX, los grupos indígenas de California comenzaron a luchar por sus derechos. Por esa época, la población indígena comenzó a aumentar.

Grupos indígenas de California
HOY DÍA

El gobierno de Estados Unidos reconoce actualmente 109 grupos indígenas en California, y existen más grupos a la espera de ser reconocidos. Cada uno tiene su propio gobierno. Hay establecidas alrededor de 100 reservas. Los miembros de una tribu pueden vivir en ellas, pero no están obligados a hacerlo.

El gobierno permite que haya casinos en las reservas. El dinero que recaudan de estos **casinos** ayuda a mejorar el estilo de vida de los nativos americanos, haciendo posible que consigan mejores trabajos, viviendas y mejor asistencia médica.

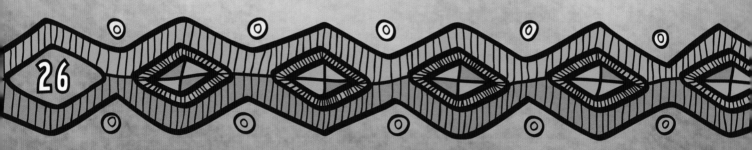

TIERRAS ASIGNADAS A LAS POBLACIONES INDÍGNAS EN CALIFORNIA

¿Quieres saber más?

Aunque hay mucha gente con **raíces** indígenas en California, muchos no son propietarios de tierras.

■ = Tierras pertenecientes a las tribus

CALIFORNIA

Estas son algunas de la tierras que hoy en día pertenecen a los indígenas de California.

Yurok
Hoopa
Round Valley
Tule River
Chemehuevi
Morongo
Agua Caliente
Santa Rosa
Soboba
Cahuilla
Torres-Martinez
Pala
Los Coyotes
Pauma-Yuima
San Pasqual
Mesa Grande
Capitan Grande
Barona
Quecha
Campo

27

¡Asiste a un POWWOW!

Un *powwow* es una celebración de la **herencia** y tradiciones indígenas. Se organizan varios *powwows* al año en California; por lo general están abiertos al público y la entrada es gratuita. Estas son algunas de las cosas que se pueden hacer:

- ver danzas
- escuchar tambores
- cantar canciones
- escuchar cuentos

- comprar artesanías
- probar comidas tradicionales deliciosas, como el pan frito
- hacer tu propia cesta, collar u otras manualidades

Muchos grupos indígenas tienen sitios web. Puedes mirarlos para conocer las fechas y los lugares de los *powwows* y otros eventos.

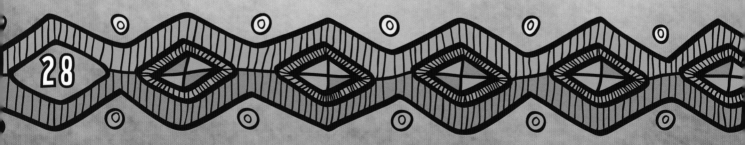

Ir a un *powwow* es una buena forma de honrar la cultura de los pueblos indígenas de Norteamérica.

29

GLOSARIO

arqueólogo: alguien que busca en la tierra para encontrar objetos y restos de edificios que nos ayuden a aprender acerca de la vida en el pasado.

casino: un lugar donde la gente participa en juegos de azar para tratar de ganar dinero.

ceremonia: un evento que honra o celebra algo.

convertirse: cambiar de una religión a otra.

diseño: elemento artístico.

emigrar: mudarse del lugar en que uno vive a otro lugar diferente.

frontera: algo que marca los límites de una zona o lugar.

gotear: caer agua u otros líquidos poco a poco.

herencia: algo que viene de los antiguos miembros de una familia o un grupo.

misión: casa o iglesia que se establece en un lugar lejano donde predican los misioneros.

raíces: establecido sólidamente en un sitio.

temazcal: una construcción que se calienta por vapor, normalmente producido al echar agua en piedras calientes.

tierra firme: una gran cantidad de tierra que normalmente constituye la mayor parte de un país u otra masa terrestre.

tradiciones: relacionado con las costumbres usadas desde hace mucho tiempo.

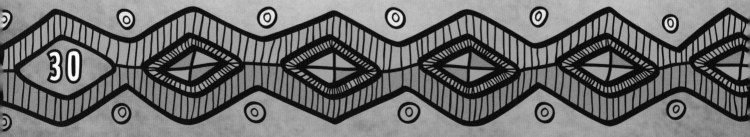

Para más INFORMACIÓN

Libros

eKids Press. *Meet the Chumash Native American Tribe!* Anaheim, CA: Minute Help Press, 2012.

Gimpel, Diane Marczely. *A Timeline History of Early American Indian Peoples.* Minneapolis, MN: Lerner Publications, 2015.

Sonneborn, Liz. *California Indians.* Chicago, IL: Heinemann Library, 2012.

Sitios de Internet

California Indians: Making a Difference

californiamuseum.org/california-indians-making-difference
Haz un recorrido virtual de esta exposición del Museo de California para aprender más acerca de los pueblos indígenas de California.

California Indians in Olden Times: Native Americans for Kids

nativeamericans.mrdonn.org/california.html
¿Qué te gustaría saber acerca de la comida, ropa, cultura y artesanía de los pueblos indígenas de California? Visita este sitio web para encontrar respuestas a tus preguntas.

ÍNDICE